*Zuversicht*

Herstellung und Verlag:
BoD – Books on Demand, Norderstedt
ISBN 978-3-8482-0835-7

*Zuversicht*


*Auf der Suche nach der „blauen" Blume.*

*Gedichte und Gedanken*


*Joachim Schroetter*

*Für Karla in Liebe und Dankbarkeit*

## Vorbemerkung

*Meine Gedichte und Verse sind in einfacher, verständlicher Form ge-schrieben. Sie sollen nicht verfremden, sondern Botschaften übermitteln.*

*Die Botschaft*

*Ein gutes lyrisches Gedicht.*
*Das einem aus der Seele spricht.*
*Ist wie ein harmonisches Lied.*
*Das durch die weiten Lande zieht.*

*Man kann es sprechen oder singen.*
*Die Worte wohl im Ohre klingen.*
*Man kann es lesen oder hören.*
*Und Dichterworte dich betören.*

*Man kann es auch mit viel Gefühl.*
*Als Musikständchen gerne spiel.*
*Man kann es auch gekonnt vortragen.*
*Und damit eine Botschaft sagen.*

*Ein tief gehendes und schönes Gedicht.*
*Von hohem literarischem Gewicht.*
*Was spendet für dich Licht.*
*Lebendig zu dir spricht.*
*Schreibt sich so einfach nicht.*

*Abendrot*

*Siehst du das Abendrot.*

*Gestern zirpte noch die Grille.*

*Heute herrscht einsame Stille.*

*Siehst du das Abendrot, heute hört man keinen Klang.*

*Nicht mal Vogelgesang.*

*Siehst du das Abendrot, gestern noch saubere Luft.*

*Verspürt man heute keinen Duft.*

*Siehst du das Abendrot, gestern noch Lebensqualität.*

*Scheint heute alles schon zu spät.*

*Siehst du immer noch das Abendrot?*

*Abendstern*

*Unendlich schön und*
*sehr fern leuchtet hell der*
*Abendstern.*

*Greifen möchte ich ihn,*
*voll Zuversicht, dass er*
*auf Erden spende Licht.*

*Erstrahlt für uns am*
*Firmament. Die Mensch-*
*heit ihn schon lange*
*kennt.*

*Und weist den Weg von*
*Anbeginn nach Bethle-*
*hem zur Krippe hin.*

*Ein Stern, als leuchten-*
*des Symbol, fest am*
*Himmel, zum Men-*
*schenwohl.*

*Erstrahlt in Schönheit*
*seit langer Zeit, verkün-*
*det Hoffnung, seid bereit.*

*Vergesst die Sorgen und den Schmerz. Lasst Sternenlicht in Euer Herz.*
*Sind die Menschen dazu bereit, ist Jesus Christus nicht mehr weit.*

*Der Jogger.*

*Ein guter Jogger läuft bei jedem Wetter.*

*Der Hocker findet es zu Hause besser.*

*Der Jogger ist an der frischen Luft.*

*Der Hocker sitzt im eigenen Muff.*

*Der Jogger stählt ständig sein Herz.*

*Der Hocker spürt links einen Schmerz.*

*Der Jogger tut was für seine Figur.*

*Der Hocker schaut gelangweilt auf die Uhr.*

*Der Jogger kommt sehr gut ins Schwitzen.*

*Der Hocker bleibt derweil nur sitzen.*

*Der Jogger fühlt sich sichtlich wohl.*

*Der Hocker frönt dem Alkohol.*

*Der Jogger läuft häufig um die Wette.*

*Der Hocker zieht genüsslich an der Zigarette.*

*Der Jogger verschmäht zu viel Fett.*

*Der Hocker ist schon längst im Bett.*

*Der Hocker isst gern Schweinebraten.*

*Und lässt das Bett sehr lange warten.*

*Der Jogger starb am Herzinfarkt.*

*Der Hocker besuchte ihn am Grab.*

*Obwohl er doch in seinem Leben.*

*Auf die Figur nie achtgegeben.*

*Dem Laster ausgiebig frönte.*

*Und den Jogger oft verhöhnte.*

Braucht dieser nicht mehr achtzugeben.

Schließlich ist er ja noch am Leben.

Und trinkt gemütlich ein Gläschen Wein.

Wie schön ist doch, ein Hocker, zu sein.

Abendstille

Vögel zwitschern hoch in den Bäumen,
Die Menschen von der Zukunft träumen.
Vögel zwitschern in den Zweigen,
Tag will sich zu Ende neigen.

Vögel zwitschern hoch in der Luft.
Jasmin spendet süßlichen Duft.
Vögel zwitschern im Blattlaub,
Höre es –stell dich nicht taub.

*Der Falke*


*Ich sehe den Falken rüttelnd im Wind,*
*Gerichtet scharf den Blick auf die Maus,*
*Ich sehe die Mutter mit ihrem Kind,*
*Die Frau richtet den Blick auf ihr Haus.*

*Das Haus, von den sie der Waldweg nur trennt,*
*Der Falke vom brennenden Knistern erschreckt,*
*Steht rauchend in Flammen, alles brennt,*
*Und aufgeregt flatternd seine Schwingen streckt.*

*Die Frau drückt das Kind fest an die Brust,*
*Der Dachstuhl stürzt ein, unter flammenden Loden,*
*Aus der Ferne knallt krachend ein Schuss,*
*Vom Himmel herab fällt der Falke zu Boden.*

*Vernichtet ist ein stolzer - ein „Edler der Luft“,*
*Vernichtet ist auch Hab und Gut,*
*Den Brand legte ein hinterlistiger Schuft,*
*Der Falke liegt in seinem Blut.*

*Ahnung*

*Spürt ihr es auch?*

*Der Herr ist nah.*

*Öffne ihm das Tor zur Seele.*

*Damit es dich nicht länger quäle.*

*Der stille Garten*

*Du musst loslassen, bevor es ist zu spät,*
*Und sollst nicht mehr umklammern.*
*Bevor dein Leben bald nun zu Ende geht,*
*Dann musst du nicht mehr jammern.*

*Im stillen Garten der Senioren,*
*Pflanzt du die Rose schön.*
*Da bist du noch lange nicht verloren,*
*Das wirst du bald schon sehn.*

*Der letzten Rose Duft*
*Das letzte welke Blatt.*
*Betörend liegt in der Luft.*
*Die Botschaft für dich hat.*

*Gott bestellte diesen schönen Garten,*
*Mit Pflanzen der Ewigkeit*
*Er möchte nun nicht mehr länger warten,*
*Deshalb sei auch du bereit.*

*An meine Schwester*

*Was sage ich meiner Schwester an Ihrem Ehrentag?*

*Finde ich die richtigen Worte, die ich sagen mag.*

*Wie soll ich es formulieren, was ich sagen will.*

*Oder soll ich lieber schweigen, wäre besser still?*

*Es drängt mich stille Freude,*

*Bei dieser Feierstunde,*

*Zu öffnen meine Lippen,*

*In dieser frohen Runde.*


*Darum möchte ich ein paar Wünsche hegen,*

*Wünsche dir Gesundheit und ein langes Leben.*

*Alle Zeit, Gottes schützenden Segen,*

*Auf allen noch zu beschreitenden Wegen.*


*Und dass du nie verlierst, den Mut,*

*Denk an den Himmel, das tut gut.*

*Und bleib so, wie du bist,*

*Ein bescheidener Christ.*

*„Blau"*

*Bin auf der Suche nach der blauen Blume.*

*Die wächst und gedeiht in geistiger Krume.*

*Bin auf der Suche nach blauem Glück.*

*Und sei es auch nur ein kleines Stück.*

*Bin auf der Suche nach der blauen Liebe.*

*Die mich umschmeichelt, wie sonnige Triebe.*

*Bin auf der Suche nach Toleranz.*

*Sie soll mich begleiten voll und ganz.*

*Bin auf der Suche nach dem blauen Frieden.*

*Dass Menschen, keine Angst werde, beschieden.*

*Bin auf der Suche nach blauem Verstand.*

*Den jeder benötigt in seinem Land.*

*Ansicht*

*Gott, der Allmächtige, ist Herrscher der Welt.*
*Er hat die Weichen des Lebens gestellt.*
*Doch der Mensch in seinem Wahn,*
*Weicht ab von der Lebensbahn.*

*Dies führt unweigerlich ins Verderben.*

*Kehre schnell um, denke an das Sterben.*

*Damals*

*Wo sind sie geblieben?*

*Die stählernen, Feuer speienden Drachen,*
*Gierig und zahllos die Küste bewachen.*
*Bedrohend, mit vernichtendem Feuer,*
*Speien unzählige Ungeheuer.*

*Blitze, grell, bis ins Mark erschrocken,*
*Eisige, harte Winterflocken.*
*Kinder ängstlich und schreien,*
*Nur Gott kann uns befreien.*

*Es gibt kein Entrinnen, kein Erbarmen,*
*Kinder sehnen sich nach Mütter's Armen.*
*Todesgesang, pfeifend, schrill,*
*Plötzlich wieder grabesstill.*

*Vielfach hört man leises Gewimmer,*
*Mütter sind fort und das für immer.*


*Augenblick*

*Die Wälder stehn nun im satten Grün,*
*Weiße Quellwolken darüber ziehn,*
*Türmen sich auf, wie Berge aus Schnee,*
*Aus der Ferne ich die Vögel seh.*

*Leichte Brise bewegt die Blätter,*
*Wie wird morgen wohl das Wetter,*
*Gelegentlich zeigt schüchtern, sich ein Blau,*
*Schau nach oben und vertrau.*

*Begleitung*

*Ich möchte dich auf deinen letzten Weg begleiten.*
*Und mit dir aus dunklem Tal hin zum Lichte schreiten.*
*Andächtig halten deine Hand.*
*Die Würde löst das Lebensband.*

*Habe keine Angst vor dem dunklen Pfad.*
*Und was am Ende auf dich warten mag.*
*Unser Gott, sei dein größter Trost.*
*Begib dich nun in seinen Schoß.*

*Dort oben kennt man keinen Schmerz.*
*Frohlocken wird dein müdes Herz.*
*Für alle Mühsal und alle Last*
*Die du geduldig ertragen hast.*

*Dafür wirst du nun reich belohnt.*
*Von Gott, der hoch im Himmel wohnt,*
*Und dort seit Ewigkeit schon thront.*

*Bekenntnis*

*Nun kann ich wieder fröhlich sein,*

*Und ohne Schmerzen,*

*Genießen den klaren Sonnenschein,*

*Mit vollem Herzen.*


*Und auch mein inneres Gemüt,*

*Mit neuer Fröhlichkeit*

*Wie eine schöne Rose blüht,*

*Sie war sehr weit.*


*Ich spüre wieder feinen Duft,*

*Der aus der Rose quillt,*

*Und zärtlich in der Sommerluft.*

*All meine Ängste stillt.*

Die Herzensrose die ich habe gewählt,

Kann mich nun sehr erfreuen,

Mit meinem Herzensgarten steht,

Und brauche nichts zu reuen.


Wie kam es nur zu diesem Wandel,

Zu diesem, der mein Herz verjüngt,

Machte ich mit Gott den Handel,

Die neue Qualität bringt?


Ahnt ihr schon?, es ist die Liebe,

Die in mein Herz kam still zurück,

Die edel ist, ganz ohne Triebe,

Sie ist des Menschen größtes Glück.

*Beobachtungen*

*Leise, behutsam, zarte Frühlingsstimme duftend,*
*Stilles Erwachen, Kräfte sammelnd,*
*Planend und wissend,*
*Kleine Wunder im zarten Grün,*
*Streckend der Sonne entgegen.*

*Emsiges Rufen wandelt zum Leben,*
*Würzige Düfte, linde Lüfte, heller werdend,*
*Zuversicht schöpfend,*
*Hoffnung spendend, Geborgenheit sendend.*

*Erde erwärmend, voll spendendem Leben,*
*Überall sich Leben regend,*
*Vielfalt erwachend, unendlich schön.*

*Ehrfurcht begleitend das stille Auge,*
*Nachdenklich, werdend all dieser Pracht,*
*Wer sie wohl gemacht?*

*Blätter*

*Blätter wiegen sich im Wind.*

*Eine zarte Briese lind.*

*Aus dem Stamm nun herausgedrängt.*

*Der Baum voll grüner Blätter hängt.*


*Hin zur Sonne strebt das Grün.*

*Schwalben ihre Bahnen ziehn.*

*Unterm grünen Blätterdache.*

*Emsig Leben sich entfache.*


*Oh wunderschöner Lebensraum.*

*Kind in Wiege hat einen Traum.*

*Sommer geht, der Herbst ist nah.*

*Bald vorüber ist das Jahr.*

*Wandeln will sich Blattesgrün.*

*Schwalben nun nach Süden ziehn.*

*Blätter goldenrot und bunt.*

*Tun den Herbst den Menschen kund.*


*Unter lichter Baumeskrone.*

*Ist kein Tier, das da mehr wohne.*

*Baum ist nun im Winterschlaf.*

*Kind in Wiege ist sehr brav.*


*Winter vorbei mit Eis und Schnee.*

*Im Lenz ich wieder Blätter seh.*

*Entfacht sich aufs Neue geschwind.*

*Von alledem ahnt nichts das Kind.*


*Weil Wunder eben leise sind.*

*Dankbarkeit*

*Kennst du die Mutter aller Tugenden?*
*Es ist die Dankbarkeit.*
*Nicht Haben, sondern Sein.*
*Soll stets dein Begleiter sein.*

*Handel*

*Darf ich nun wieder fröhlich sein?*
*Genießen klaren Sonnenschein,*
*Und ohne Schmerzen,*
*Gläubig sein mit vollem Herzen.*

*Und auch mein inneres Gemüt.*
*Nun wieder wie eine Rose blüht.*
*Und wieder kommt die Fröhlichkeit.*
*Die in der Ferne war- sehr weit.*

*Wie kam es nur zu diesem Wandel.*
*Zu diesem, der mein Herz verjüngt.*
*Tat ich mit Gott den guten Handel.*
*Der neue Qualitäten bringt.*

## Das Alter

Das Alter welkte meine Haut.
Und meine Augen sind betrübt.
Und meine Haare sind ergraut.
Die Schritte werden ungeübt.

Und immer neue Altersflecken.
Und Falten viele im Gesicht.
Sich über meine Haut erstrecken.
Die Endlichkeit nun zu mir spricht.

Der Geist, der einst mir innewohnte,
Und auch Kreativität.
Die mich einst voller Stolz belohnte,
Kommt heute leider viel zu spät.

Trübsal will ich nicht beginnen,
Sondern nur demütigt warten.
Will auf mein Alter mich besinnen,
Auf des Lebens Rosengarten.

*Das Haus*

Die Liebe hat ein Haus gebaut, nicht aus Zement und Stein.

Die Liebe hat ein Haus gebaut, komm, trete nun herein.

Die Liebe hat ein Haus gebaut, wie es noch niemand sah.

Ein Haus der Liebe kann überdauern tausend Jahr.


„Warum ist die Forelle blau, hat sie zu viel getrunken?"


*Das Herz*

Seitdem mein Herz ist repariert.
Hab ich die Liebe neu gespürt.
Werde vor Freude wieder springen.
Und möchte wieder Lieder singen.

Und werde nun auch wieder dichten.
Neue Eindrücke euch berichten.
Irgendwie fällt es mir noch schwer.
Ich finde keine Worte mehr.

Banales fände ich sehr wohl.
Doch solche Worte klingen hohl.


## Das Zweihorn.


Ein Einhorn trottete durch die Wüste.
Aus der Ferne es ein Zweihorn grüßte.
Das Einhorn sprach mit vollem Zorn.
Warum hast du ein zweites Horn?

Das Zweihorn sagte voller Ethik.
Das liegt gewiss an der Genetik.
Mein Vater trank gerne Doppelkorn.
Darum wuchs ihm wohl das zweite Horn.

Und weil das Korn doppelt war.
Wuchs ihm eben gleich ein Paar.
Das Einhorn sprach: Wo bekomme ich das Zauberkorn?
Es soll mir wachsen noch ein Horn."

Den „Korn" musst du dir schon selber brennen.
Einen Händler kann ich nicht benennen.
Du brauchst zunächst mal gutes Korn.
Damit dir wächst ein zweites Horn.

*Das Rezept, mit allen Zutaten.*
*Kann ich dir leider nicht verraten.*
*Und ist dann fertig das Gebräu.*
*So trinke es, gleich ohne Scheu.*

*Ob es dir dann wirklich nützt.*
*Du ein Zweites gleich besitzt.*
*Ist vage, unsicher und fraglich.*
*Das Trinken ist jedoch behaglich.*

*Und überhornt dich dann der Zorn.*
*Dann trink einen Doppelkorn.*
*Wenn sich kein neues Horn stellt, ein.*
*So ist das Leben doch sehr fein.*

*Schön ist es, ein Einhorn zu sein.*
*Im hellen Wüstensonnenschein.*
*Und jeder sei mit dem zufrieden.*
*Was wird von oben ihm beschieden.*


*Der Garten der Glückseligkeit*

*Im Garten der Glückseligkeit.*
*Wachsen schöne Rosen.*
*Blühen Blumen der Ewigkeit.*
*Sie wollen dich liebkosen.*

*Der Garten der Glückseligkeit.*
*Nimmt alle deine Sorgen.*
*Hält kleine Wunder dir bereit.*
*Und sind sie auch verborgen.*

*Der Garten der Glückseligkeit.*
*Er ist tugendhaft, rein und wunderschön.*
*Von allem Kummer dich befreit.*
*Öffne die Augen, dann kannst du ihn sehn.*


*Der Hebel*


*Die Zukunft liegt im dichten Nebel.*

*Und jeder fragt: Wo ist der Hebel?*

*Der Hebel, der die Zukunft hellt.*

*Und Hoffnung bringt in diese Welt.*

*Der Herr*

*Spürst du es auch?*

*Der Herr ist nah.*

*Öffnet ihm das Tor zu euren Herzen.*

*Dann werdet ihr befreit von Schmerzen.*


*Der Sinn*

*Spürst du es, sind dies deine letzten kreativen Zeilen?*
*Schon bald wird der Sensenmann- der kalte Tod dich ereilen?*
*Dann halte ruhig still und tue innig verweilen.*
*Kehre in dich ein, dabei musst du dich nicht beeilen.*

*Betrachte die schönen Dinge des Lebens.*
*Dann spürst du es, es war nicht vergebens.*
*Betrachte mit Freude die schöne Natur.*
*Dann kommst du bestimmt dem Sinn schnell auf die Spur.*

*Der eigentliche tiefere Lebenssinn.*
*Steckt wohl in unserer aller Seelen drin.*
*Es ist nicht Reichtum oder Macht.*
*Der unseren Lebenssinn entfacht.*

*Der Toast,*

*War erbost,*

*Ich bin verbrannt,*

*Am ganzen Rand.*

*Am liebsten bin ich braun,*

*Wunderschön, lecker anzuschaun.*

*Mit Honig bestrichen und mit Butter,*

*Bin ich ein gutes Frühstücksfutter.*


*Der Weg*

*Lieber Bruder ich habe dich gerufen.*

*Der Weg zu dir ist voll Gefahren.*

*Weil ich dich gestern hörte, rufen.*

*Das habe ich sehr schnell erfahren.*

*Ich hatte mich zu dir bewegt.*

*Doch plötzlich sah ich nur noch Nebel.*

*Und habe keine Angst gehegt.*

*Doch schaltete ich zurück den Hebel.*


*Das Ziel aus der Ferne sehr verschwommen.*

*Und wollte machen gleich die Wende.*

*Da werde ich wohl nie ankommen.*

*Bevor nun käme schon das Ende.*


*Doch plötzlich schien aus der Ferne Licht.*

*Bruder ich liebe dich sehr, bitte komm!*

*Und eine bekannte Stimme spricht.*

*Ich war im Leben auch nicht immer fromm.*

*Diagnose*

*Die Diagnose war grausam aber klar,*
*Mir bliebe, vielleicht noch ein halbes Jahr.*
*Möchte drehen, die Zeit zurück,*
*beginnen noch mal neues Glück.*

*Das Böse ungeschehen machen,*
*Und mit dem Herzen fröhlich lachen.*
*Doch ich fühle mich elend und schwach,*
*Finde keinen Schlaf, bin ständig wach.*

*Ich fasse neuen Lebensmut.*
*Vielleicht wird doch noch alles gut.*
*Viele wirre Gedanken,*
*Sie kommen ohne Schranken.*

*Warum nur ausgerechnet mich?*
*Um zu schreiben dies Gedicht?*
*Um zu spenden etwas Mut?*
*Sollte tun der Seele gut.*

*Tröstende Worte aus dem Mund,*
*Die man gab dem anderen kund.*
*Klingen oft wie ironischer Spott,*
*Wahren Trost findest du nur bei Gott.*

*Halte still im Gebet,*
*Wenn die Kraft zu Ende geht.*
*Danke Gott, dass er Dich schuf,*
*Und nun Deinen Namen ruft.*

*Die Flunder*

Es trug sich zu, ein tolles Wunder,
Man nahm das Frostgen aus der Flunder.
Und pflanzte es in die Tomate,
Damit sie auch bei Frost gerate.

Die Flunder, die nun ohne Gen,
Rein äußerlich kann man nichts sehn,
Strebt nun in wärmere Gewässer,
Da geht es ihr bedeutend besser.

Der Tomate sieht man auch nicht an,
Dass sie jetzt Frost vertragen kann.
Der Kunde ist verwirrt und kann nur raten,
Ob es sich handelt um echte Tomaten.

Die Früchte des Himmels,
Gibt es nicht auf Erden,
Man kann sie aber schon sähen,
Dann wird man sie sehen.

*Die Marsch.*

*Fruchtbares Land/*

*hinter dem Strand/*

*grünes Band.*

*Fruchtbare Scholle/*

*finde ich tolle/*

*Schafe und Wolle.*

*Fruchtbarer Acker/*

*ergiebig und wacker/*

*rollen die Tracker.*

*Fruchtbarer Boden/*

*urbar und roden/*

*macht ergiebigem Soden.*

*Fruchtbare Erde bringt große Herde/*

*Wohlstand nun werde.*

*Fruchtbares Feld/*

*sichert das Geld/*

*macht satt die Welt!*

## Die Scholle

*Einst schwamm fröhlich in der Ostsee, unweit des Dorfes Brösen,*
*Eine kleine Scholle und wollte im warmen Wasser dösen.*
*Da kam plötzlich ein Raubfisch, von den Bösen,*
*Und wollte die Scholle im Schlaf erlösen.*

Doch die kleine, schlaue Ostseescholle,
Machte gekonnt eine Vorwärtsrolle.
Der Raubfisch biss sogleich daneben,
die kleine Scholle blieb am Leben.

Und kann ohne Gefahr, unweit von Brösen,
Im warmen Ostseewasser weiter dösen.

## Die Spende

Ich brauche eine Organspende,
Damit es sich zum Guten wende.
Brauche keinen Reichtum - kein Geld,
Um zu verweilen auf der Welt.

Ich brauche eine Spende – ein Herz,
Sonst geht es für mich bald himmelwärts.
Doch die Organe sind sehr rar,
Jeden Tag ich es erfahr.

Die Menschen müssten viel mehr spenden,
Dann würde die Traurigkeit sich wenden,
Das eigene Leben müsste noch nicht enden,
Würde mir jemand nur eine Botschaft senden.

## Die Trauer des Totengräbers

Ich bin der Totengräber der Gräber.
Ich komme nicht hinein.
Der Boden ist zu hart gefroren.
So hart, wie der Winter in diesem Jahr.

Die Leichen sind auch gefroren.
Sie liegen still, auf dem Leichentuch aus Schnee.
Sie halten sich gut.
Bis wieder Hoffnung besteht.

Hoffnung auf Frühling.
Nicht für sie, aber für mich.
Wenn der Boden wieder die Erde freigibt.
Die alles bedeckt.
Die Arbeit zügig beenden, bis die Nächsten kommen.

## Die Zeit

Obwohl ich möchte, niemand tuen ein Leid,
bin ich trotzdem zu einer Untat bereit,
ich will nämlich töten -
die Zeit.

Die Zeit, bis sie endlich wieder hier,
die Zeit, bis sie dann öffnet, die Tür-
die Zeit.

Bis ich sie wieder berühr,
ihre weichen Lippen spür-
die Zeit.

Bis ich streichele, ihre Hand,
umschließen wie Liebesband-
die Zeit.

In der ich lange bin allein,
die Zeit soll nun zu Ende sein.
Vom Gang hör ich vertraute Schritte,
so wird erfüllt nun meine Bitte.

Mein Glück

Du bist mein Glück und meine Wonne,
Und meine helle Abendsonne.
Du bist mein beruhigender Pol,
Bei dir fühl ich mich sichtlich wohl.

*Ich möchte dir danken, für all die Zeit,*
*In der wir zusammen waren, zu zweit.*
*Und hoffe somit jeden Tag,*
*Dass unser Glück nie enden mag.*

*Eindrücke*

*Ich schaue über die Danziger Bucht,*
*Hier begann einst für uns die große Flucht.*
*Zärtlich streichelt mich der Wind,*
*War hier oft als kleines Kind.*

*Weißer Schaum schlägt an den Strand,*
*Sterbend dann im warmen Sand.*
*Spüre Mutters liebe Hand,*
*Geborgenheit ich empfand.*

*Seh die Kinder fröhlich spielen,*
*Denn ich kann mit ihnen fühlen.*
*Spielte ich doch, einst auch hier,*
*Friedlich liegt das Meer vor mir.*

*Rhythmisch schlagen nun die Wellen,*
*Über narbenreiche Stellen.*
*Schau zum Himmel hoch, den hellen,*
*Möchte einen Gruß bestellen.*

*Und danken heute, für all die Gnaden,*
*Die ich Erden empfangen haben.*
*Und danken, dass ich heut hier stehe*
*Und diese volle Schönheit sehe.*

*„Du stehst auf dem Sockel der Überheblichkeit.*
*Und schaust mit den blinden Augen der Vorurteile,*
*Auf die Müllhalde der guten Vorsätze.*

### Entfliehen

*Ich möchte gern dem grauen Alltag entfliehen,*
*Und wie ein bunter Schmetterling,*
*Von duftender Blüte zur Nächsten ziehen.*
*Taumelnd vor Glück.*

*Enttäuschung*

*Die Liebe war einst hoch versprochen,*
*Ist wirklich dann sehr schnell zerbrochen.*
*Durch der Brille rosa Schein,*
*Schienen die Probleme klein.*

*Eitelkeit, Starrsinn gepaart mit Intoleranz,*
*Auf eigenen Standpunkt beharren voll und ganz.*
*Schnell ist vorbei die große Liebe,*
*Von nun an herrschen nur noch Triebe.*

*Beklemmung macht sich breit und Trauer,*
*Man denkt zurück, mit bitterem Schauer.*
*Und es wird einem plötzlich klar,*
*Dass alles nur ein Irrtum war.*

*Man ließ sich dummerweise blenden,*
*Um alles jetzt nun zu beenden.*
*Und alles, was einmal war gut und recht,*
*Taugt nicht mehr viel und ist einfach schlecht.*

*Was hat uns nur so fremd geleitet?*
*Und einen dornig Weg bereitet,*
*Den man nun alleine gehen muss,*
*Mit Nachdenklichkeit und auch mit Frust.*


*Warum musste es soweit kommen,*
*Man hätte besser sich besonnen.*
*Und Freude auch geschenkt bekommen,*
*Mit süßen wunderbaren Wonnen.*

*Dann bleibt man schnell allein zurück,*
*Und hadert mit dem Lebensglück.*
*Das einen doch so schnell verließ,*
*Und in ein dunkles Loch mich stieß.*

*Die Dunkelheit mich nun umringt,*
*Und niemand, da der mit mir singt.*
*Was gäbe es denn auch zu loben,*
*Ich bin verlassen, auch von oben.*

*Was bliebe noch zu sagen, was wirklich wichtig scheint,*
*Um alle beiden wieder in Liebe dann vereint.*
*Muss kurz überlegen, dann fällt es mir gleich ein,*
*Es ist die Liebe, ohne sie kannst du nicht sein.*

*Erinnerung*

*Danzig - geliebte Heimatstadt*
*Du schöne Königin am Meer.*
*Ich sehne mich nach dir, ich sehne mich so sehr.*

*Wir Kinder spielten fröhlich mit feinem Meeressand,*
*Und ließen ihn dann rieseln, ganz langsam aus der Hand.*

*Die Möwen oben kreischend, von Brösen wehte der Wind,*
*Und in den Dünen Hügel lachte froh ein kleines Kind.*
*Wir waren braun wie Mohren, die Haare kurz geschoren,*
*Am Ostseestrand geboren, hatten „ihn" noch nicht verloren.*

*Glücklich waren wir obendrein im warmen hellen Sonnenschein.*
*Fischer flickten Netze, es roch nach Salz und Teer,*
*Und viele schöne Muscheln schwemmte an das Meer.*
*Man tat es auch nicht lautstark kund, machte man einen Bernsteinfund.*

*Wir bauten Burgen aus Sand, waren stundenlang am Strand.*
*Es war so herrlich in der Natur, von Umweltzerstörung keine Spur.*
*Nun bin ich alt geworden und bin der Heimat fern und bin mit ihr ver-*
*bunden nur durch den Abendstern.*
*Geliebte Heimat, stilles Glück, wie gerne kehrte ich zurück.*

*Fragen*

*Ich hab dich leider nicht erreicht und wollte dir viel sagen.*
*Und in Gedanken kehren zurück zu den guten Tagen.*
*Unsere gemeinsame Zeit war nicht nur voll von Leid.*
*Wir waren auch mal glücklich in friedensvoller Zeit.*

*Warum ist Glück geschwunden.*
*Das einst uns hat verbunden?*
*Warum ist das vergangen das uns einst wichtig war.*
*Warum ist alles neblig und nur noch wenig klar.*

*Warum muss man sich machen.*
*So manches graue Haar.*
*Und kann auch nicht mehr lachen.*
*Was immer auch geschah.*

*So bleibt mir nur zu wünschen, dass du nicht fragst, warum?*
*Denn du erhältst keine Antwort, die Fragen bleiben stumm.*


*Fremdes Land*


*Die Schärfe der Augen schwindet der Blick wird langsam trüb.*

*Diffuse Körper schwimmen in meinem Tränenmeer.*

*Pupillen, ziemlich große verdreht im Tageslicht,*

*Versuchen zu erkennen, was eine Stimme spricht.*


*Man möchte Antwort geben, doch Lippen bleiben stumm,*

*Verharren so lange im Schweigen und drehen die Worte um.*

*Der Atem beginnt zu rasen, kurz, dröhnend, monoton,*

*Der Puls, er trommelt Töne, ist dass das Ende schon?*

Die Ohren kräftig schmerzen, wehtut es auch am Herzen.

Der Schweiß dringt aus den Poren, ich glaub, ich bin verloren.

Die Übelkeit kriecht höher.

Das Herz wird eng, es dauert nicht mehr lange, bis es wird - gesprengt.

Obwohl man doch an diesem, an seinem Leben hängt.

Bewusstsein langsam schwindet und Ohnmacht stellt sich ein,

Und Angst tritt noch hinzu, vielleicht nicht mehr zu erwachen,

Das wird das Ende sein?

Die Angst ist sehr beklemmend, die bisher unbekannt,

Drohe zu entschweben in ein fremdes Land.


*Freude*


Freue dich der Frühling, ist nah.
Bald schon beginnt ein neues Jahr.
Freue dich auf neues Leben.
Pflanzen hin zur Sonne streben.

*Freue dich, solange du noch kannst.*
*Freue dich von Herzen voll und ganz.*

## Frist

*Es geht um die wichtige Frist,*
*Die einem noch gegeben ist.*
*Es geht um die Zeit, den Augenblick,*
*Es gilt zu richten den Blick zurück.*

*Es geht darum Bilanz, zu ziehen,*
*Und zum Gebet sich niederknien.*
*Zu gedenken der göttlichen Gnade,*
*Die einem im Leben widerfahre.*

*Erfreue dich am kleinen Glück,*
*Und sei es nur ein kleines Stück.*
*Trotz vielfältigem Lebensglück,*
*Die Lebensuhr stets weiter rückt.*

*In Freude und mit Dankbarkeit,*
*Gedenken schöner Erdenzeit*

*Früchte*

*Wir lagen unter einem Kirschbaum,*
*Herzhaft, süß, saftig und frisch,*
*Spürten im Mund, einen süßen Traum,*
*Reich gedeckter Gabentisch.*

*Doch viel schneller als man glaubt,*
*Wird es still, unter den Baum,*
*Verfärbte sich Blatteslaub,*
*Keine Früchte, keinen Traum.*

*Doch wenn sich im Frühjahr,*
*Wieder langsam erwärmt Mutter Erde,*
*Und es wieder heller werde,*
*Sehe ich des Schäfers Herde.*

*Dann beginnt es schnell zu spießen,*
*Muss die Blumen wieder gießen,*
*Und Natur dabei genießen.*


*Frühlingstag.*


*Das Taubenschwänzchen voll Elan,*
*Flog eine rote Rose an,*
*Und surrte mit rhythmischem Gebrumm,*
*Um die schöne Blüte rum.*

*Futter*

*So mancher einfältige Ochs,*
*Der Futter fraß aus seiner Box,*
*Hat hinterher schlimm Kopfweh,*
*Ganz klar es ist BSE.*

*Ich hingegen lieg voller Wonne,*
*In der wärmenden Mittagssonne.*
*Und träume sodann von dummen Rindern,*

*Kund werde erzählen meinen Kindern:*
*Dass es manchmal besser ist, zu ruhn.*
*Als grausame Dummheiten zu tun.*


*Zartes Grün*

*Gänseblümchen, Buschwindröschen und die Sumpfdotterblume,*
*stecken schüchtern ihre bunten Köpfe aus warmer Erdkrume.*
*Frühling ist es nun.*
*Viel ist zu tun.*

*Auch schon Veilchen kann man sehen,*
*bläulich sie am Wegrand stehen.*
*Zartes Grün in Wald und Wiesen,*
*hoch sei unser Gott gepriesen.*

*Gebete*

*Wenn Hass bestimmt des Menschen Handeln,*

*Und Unvernunft die Welt regiert,*

*Wird sich wohl nichts zum Guten wandeln,*

*Und neues Unheil wird geschürt.*


*Wenn niemals heilen, wollen Wunden,*

*Und die Verzweiflung macht sich breit,*

*Weil Menschen sind, so tief geschunden,*

*Dann sei zu einem Gebet bereit.*


*Denn nur Gebete können spenden,*

*Zuversicht Trost und auch viel Liebe,*

*Und auch des Menschen Handeln wenden,*

*Damit es immer Friede bliebe.*

*Gedicht*

*Ein gutes Gedicht,*
*von hohem Gewicht,*
*zu schreiben,*
*das kann ich nicht.*


*Geliebter Sohn*

*Wo bist Du mein geliebter Sohn?*
*Wie klang doch Deine Stimme?*
*Sehr lange warte ich nun schon,*
*Im einsamem Gewimme.*

*Vermisse Dein frohes Lachen,*
*Alle ohnmächtigen Tage,*
*Verwaist alle Deine Sachen,*
*Hoffnung ich noch trage.*

*Die Zeit schreitet erbarmungslos fort,*
*Und müder werden alle Schritte,*
*Wo ist denn nur der richtige Ort?*
*Um zu vollenden meine Bitte.*

*Und die Gedanken, die ich hege,*
*Sind brüchig, werden langsam träge.*
*Bald wird mich nun die Kraft verlassen.*

*Und Müdigkeit, wird sein mein Gast*
*Und mit dem Ende sich befassen.*
*Wird sein mir keine große Last.*

*Gesundheitsreform*

*Ich sitze schon lange im Wartezimmer,*
*Aus allen Ecken tönt leises Gewimmer.*
*Von Besserung sei nichts zu spüren,*
*Zu zahlen sind noch die Gebühren.*

*Für die Arznei muss man immer mehr zahlen,*
*Damit gelindert werden die Kassenqualen.*
*Wenn die Kranken denken an die Reform,*
*Steigt schnell bei ihnen Blutdruck und der Zorn.*

*Obwohl die Kassen machen plus,*
*Steigt bei den Kranken der Verdruss.*
*Immer wieder werden sie als Masse,*
*Gebeten zu der Sanierungskasse.*

*Gethsemane*

*Ich stand im Garten Gethsemane.*

*Olivenbäume, soweit ich seh*

*Unter diesen prächtigen Bäumen*

*Kann gut man in Gedanken träumen.*

*Blutrot ist diese Morgenstund.*

*Spreche Gebet mit meinem Mund.*

*Denke, zurück, was einst hier geschah*

*Werde ganz ruhig und ich erstarr.*

Sehe Männer flüsternd stehen,

Kann sie nur von Weitem sehen.

Und ein Hahn fängt an zu krähen,

Bald wird nun Verrat geschehen.


Morgenröte spendet Gold,

Alles friedlich und so hold

Hahn kräht nun ein zweites Mal,

Töne wandern durch das Tal.


Einer von der Männerschar

Die ich unter Bäumen sah,

Er strauchelt und fällt zur Erde,

Dass es nun vollendet werde.

  Gottes Ratschlag und Entschluss

  "Er" zu Ende führen muss.

## Getrennt

Ich habe mich von ihr getrennt,
Mit allen Mitteln konsequent.
Habe mich für immer getrennt,
Es geschah, plötzlich vehement.

Habe mich tatsächlich getrennt,
Nichts mehr in meinem Herzen brennt.
Brauche nicht mehr sein präsent.
Doch niemand meinen Zustand kennt.

## Gold

Schneebedeckt sind alle Flächen.
Abendsonne wandelt sie zu Gold.
Wenn versunken sie, nur noch silbrig,
Scheint der Raum.
Nur die Sonne bringt das Gold.

## Goldhochzeit

Die goldene Hochzeit fand nicht statt.
Und Gäste waren nicht geladen.
Es stand in keinem Zeitungsblatt.
Denn alles hing am seidenen Faden.

Man hatte sich nichts mehr zu sagen.
Und hatte Stress und sehr viel Streit.
In diesen grauen Ehetagen.
Zu Kompromissen nicht bereit.

Man lebte so nebeneinander her.
Und nahm den anderen nicht mehr wahr.
Das Leben wurde unerträglich schwer.
Es dauerte schon einige Jahr.

Es ging nur noch uns Materielle.
Und Missgunst lähmte die Gefühle.
Ein Anwalt war sogleich zur Stelle.
Gefangen im unmenschlichen Stile.

Nun haben beide ihren Willen.
Die Gefühle nun verhüllen.
Und können kaum die Tränen stillen.
Die nun aus den Augen quillen.

## Goldhochzeit II

Viele erreichen sie leider nicht.
Weil Liebe vorher schon oft zerbricht.
Und würden doch gern erleben.
Mit allen Sinnen sie erstreben.

Wenn golden glänzt die Hochzeit.
Und Dankbarkeit macht sich breit.
Blickt man gern, voll Zufriedenheit zurück.
Und kann kaum selbst, glauben ein solches Glück.

Fünfzig Jahre, ein halbes Jahrhundert.
Man reibt sich die Augen, ist verwundert.
Wie schnell verging doch nur die Zeit.
Vergangenheit, sie liegt so weit.

Nun gönnen wir dem Jubelpaar.
Gemeinsam noch paar schöne Jahr.
Und hoffen, wenn sein wird die Diamant.
Ihr gebt die Feier rechtzeitig bekannt.

Damit wir dann dem Jubelpaar.
Bringen unsere Grüße dar.
Das wünschen wir euch alle hier.
Und warten jetzt auf kühles Bier.

*Grün*

*Sonne küsst die Mutter Erde,*

*Dass es wieder „Grüne" werde.*

*Hände*

*Der Tod hat keine Hände, das soll ein Trost dir sein.*
*Er kann nicht festhalten, was er dir schmerzlich nahm.*
*Nur Gott, mit seiner gütigen Hand.*
*Führt dich sicher ins Gelobte Land.*

*Hartz vier*

*Man hat mich entlassen, ich habe keine Arbeit mehr.*
*Bekomme Hartz vier, neue Arbeit zu finden ist schwer.*
*Nun sitze ich hier, nutzlos, überflüssig und frustriert.*
*Und habe alle schon Stellenanzeigen studiert.*

*Eine Stelle zu finden als Ingenieur,*
*Scheint heute fast unmöglich und unsagbar schwer.*
*Die viele Freizeit im Garten verbringen,*
*Mit Unkrautjäten und anderen Dingen.*

*Würde gerne für den persönlichen Berufsrest,*
*Aktiv mich beteiligen an dem Arbeitsprozess.*
*Nun kann ich nur noch Däumchen drehen,*
*Brauche nicht mehr um sechs aufstehen.*

*Kann wandern gehen mit dem Hund,*
*Von morgens bis zur Abendstund.*
*Kehre niedergeschlagen ins Haus zurück,*
*Gleich auf den Anrufbeantworter ich blick.*

*Leider tut der Anrufbeantworter nichts kund,*
*Muss weiterhin spazieren gehen mit dem Hund.*
*Es ist gar nicht zu erstreben,*
*Solch ein fades Hundeleben.*

*Heimat*

*In Danzig nah am Ostseestrand,*
*Einst meine Kinderwiege stand.*
*Der Krieg war leider schon entbrannt,*
*Das Risiko noch unbekannt.*

*Wir wiegten uns in Sicherheit,*
*Und Zuversicht machte sich breit.*
*Niemals hätten wir daran gedacht,*
*Dass einmal zerbricht des Staates Macht.*

*Wir waren fröhlich ohne Sorgen,*
*Fühlten uns sicher und geborgen.*
*Zufriedenheit und stilles Glück,*
*Und niemals waren wir bedrückt.*

*Sondern froh den ganzen Tag,*
*Kannten weder Müh noch Plag.*
*Zufrieden in Geborgenheit,*
*Niemals Ärger und keinen Streit.*

*So lebten wir in unserer stolzen Stadt,*
*Bis die fremden Feinde machten - alles platt.*
*So rächt sich, wer Frieden stört.*
*Und nicht auf sein Gewissen hört.*

*Und wer unseren Herrn und Gott*
*Verächtlich macht mit seinem Spott.*
*Drum kehrt um Ihr verhängnisvollen Krieger,*
*Denn es gibt doch nur „Einen wahren Sieger!*

*Heimkehr*

*Ich kehre heim, ich komme zurück.*

*Lebensuhr nicht mehr lange tickt.*

*Möchte mich in Ruhe besinnen,*

*Viele Dinge von vorn beginnen.*


*Doch die Zeit vergeht so schnell,*

*Tod sich nun zu mir gesell.*

*Abschied heißt es jetzt nehmen*

*Vom erfüllten schönen Leben.*

*Danke Gott für die viele Gnade,*

*Die ich von ihm empfangen habe.*

*Scheiden muss ich nun.*

*Nichts ist mehr zu tun.*

*Außer zu sprechen ein Gebet.*

*Dafür ist es wohl nie zu spät.*

*Hoffnung*

*Bleib trotz deiner Schmerzen froh, verliere nicht den Mut,*

*Denn in gewisserweise tun dir die Schmerzen gut.*

*Solange du noch Schmerzen spürst,*

*Das Leben du noch nicht verlierst.*


*Auch wenn sie dich beharrlich plagen,*

*Besteht kein Grund gleich zu verzagen.*

*Solange du noch spürst die Pein,*

*Bist du nicht einsam und allein.*

Schmerzen sind spürbare Boten des Lebens.

Sind sie nicht mehr da, scheint alles vergebens.

Betrachte sie als ein Signal,

Dann wird verschwinden bald die Qual.

> „Ihr habt mich alle fallen lassen,
> Und hattet niemals Gründe.
> Nur Gott der Herr beurteilt,
> Was ist auf Erden Sünde."

Impressionen

Ein heller, klarer Strahl,

Auf meine Seele fiel.

Und meine tauben Augenschein,

Im blinden Gehör sich wandeln.

Vom Inneren nach außen drängt, der Liebe froher Sang,

so lieb kann sich nur erfreuen, was baut ein Leben lang.

Und aus den tiefen Gründen, der Nebel schlägt aufs Feld,

beladen mit den Sünden, sie kommen aus der Welt.


Kahler Baum


Lieber kahler, schlafender Baum,

Was ist dein schönster Traum?

Träumst du in dieser Nacht von einem grünen Blätterdach?

Lieber kahler, schlafender Baum, was ist dein schönster Traum?

Träumst du voller Wonne von der warmen Frühlingssonne?

Lieber kahler, schlafender Baum, was ist dein schönster Traum?

*Träumst du von viel Getier, das findet eine Heimstatt hier?*

*Lieber kahler, schlafender Baum, was ist dein schönster Traum?*

*Mit voller Blüte und feinem Obst von bester Güte?*

*Lieber kahler, schlafender Baum oder träumtest du nur diesen Traum?*

*Ohne konkrete Wirklichkeit stehst du zum Fällen nun bereit.*

*Lieber kahler, schlafender Baum, zu Ende ist dein schöner Traum.*

*Lebenskarten*

*Das Schicksal hat gemischt die Karten,*
*Vorüber ist das lange Warten,*
*Die Sehnsucht hat nun ein Gesicht,*
*Es ist lebendig und es spricht.*

*Es öffnet behutsam sich der Mund,*
*Der liebe Worte, tut er mir kund,*
*Es öffnet sich, das liebe Herz,*
*Es wird bekämpft dadurch der Schmerz.*

*Der Scherz, der lähmend wirkt aufs Herz,*
*Wird durch die Liebe ausgemerzt.*

*Lebenslaub*

*Mein kindliches Grün*
*Verwelkte viel zu schnell.*
*Schon trägt es die Farben des Herbstes.*

*Und bald wird meinen Daseinsbaum,*
*Den ersten Schnee bedecken.*
*Kälte wird sein,*
*Die ich nicht mehr spüre.*

*Und eine Ahnung drängt sich auf,*
*Die unbeantwortet bliebe.*

*Lebenssinn*

*Die Unruhe nagt in meiner Brust.*
*Zu nichts habe ich mehr Lust.*
*Blutige Tränen trüben mein Tageslicht.*
*Und neblige Gedanken überschatten mich.*

*Unruhe frisst an meiner Seele.*
*Das Ganze ist nur noch Gequele.*
*Auf nichts kann ich mich richtig freuen.*
*Und musste Vieles schon bereuen.*

*Man fragt „was ist der Lebenssinn"?*
*War in meinem Leben nicht mehr drin?*
*Einsamkeit freudig sich mir gesellt.*
*Und mich in Gefangenschaft behält.*

*Gefangen in den eigenen Sinnen.*
*Würde gerne flüchten und entrinnen?*
*Doch meine Brust ist zugeschürt.*
*Und keine Hoffnung, die man spürt.*

## Liebe Wesen

*Wie ist euer Name?*
*Ich würde euch gerne beim Namen rufen.*
*Ich kenne euch leider nicht.*
*Ich fühle euch und habe euch noch nie gesehen.*
*Ihr seid da ich spüre es genau.*
*Und wenn ich euch rufe, seid ihr alle zur Stelle.*
*Unsichtbar und doch vorhanden.*
*Ihr habt eine mystische Kraft.*
*Könnt heilen auch ohne Medizin.*
*Ich spreche mit euch bekomme aber keine Antwort.*
*Ihr erledigt still euren heilenden Dienst.*
*Man muss nur an euch glauben sonst geschieht nichts.*
*Wenn man fest an euch glaubt, bewirkt ihr viel, manchmal mehr als die*
*Medizin.*
*Ich danke euch für eure stille wirksame Hilfe, die mir geholfen und meine*
*Schmerzen gelindert hat.*
*Und dies alles zum Nulltarif.*
*Warum habe ich euch so spät aber gottlob nicht zu spät gefunden ihr lie-*
*ben, unsichtbaren Wesen.*

Liebe

Du bist von mir gegangen und warst mein größtes Glück.
Ich liebe dich noch immer, doch kehrst du nicht zurück.
Und bange Stunden folgten, die mir die Einsamkeit hat, gebracht.
Und manche Sehnsuchtsklänge begleiten mich auch in der Nacht.

Ich würde dir gerne folgen, doch Trauer mich umringt.
Und immer neue Wunden, in ein trübes Dasein bringt.
Was soll ich nur beginnen, was Freude mir beschert?
Und was die Ruhe bringt, die mein Herz so sehr begehrt.

Es sind gute Gedanken, die die Erinnerung nährt.
Und wie ein warmer Sonnenstrahl, in meine Seele fährt.
Ich liebe dich noch immer, als wärest du noch hier.
Und trage somit ständig dein liebes Bild in mir.

Ich liebe dich noch immer, wie am ersten Tag.
Und an unsere Trennung, gar nicht denken mag.
Ich liebe dich noch immer in meinem stillen Glück.
Und wünsche mir für immer die schöne Zeit zurück.

Man darf auf Erden träumen, ein Wunder würde geschehn.
Doch leider müssen wir die Wirklichkeit mit unseren Augen sehn.
Und registrieren, die reale Realität.
Bevor wir uns abwenden, dann ist es wohl zu spät.

## Mein Herz

Wenn ich an dich denke, wendet sich mein Herz,
Vernarbt die Vorderseite im tiefen Schmerz.
Narben sitzen tief und schmerzen sehr,
Lange ertrage ich das nicht mehr.

Warum liebe ich dich nur,
Bei dir aber keine Spur.
Warum musste so viel Unheil geschehen?
Man kann sich nicht mehr in die Augen sehen.

Trotzdem wünsche ich dir zum Weihnachtsfeste.
Aufrichtig, von ganzem Herzen nur das Beste.
Und dass du bleibst lange gesund,
Küss in Gedanken deinen Mund.

Mittelpunkt.

Gott ist der Mittelpunkt des Lebens,
Ohne ihn ist alles vergebens,
Ohne ihn besteht keine Hoffnung, keine Zuversicht.
Ohne Gott, unseren Schöpfer ist eben alles nichts.

Momente


Sprengende Knospen, knackendes Holz.
Emsigkeit sich regender Wandel.
Neue Stimmen zart und zerbrechlich.
Suchend und orientierend zugleich.


Neue Welt erkundend.
Spuren tretend ins Antlitz.
Momente anhaltend.
Der Ewigkeit spendend.


Morgenduft.


Morgenduft liegt auf den Dächern,
Behutsam kräuselt sich der Wind,
Rege wird's in den Gemächern,
Aufsteh'n muss nun jedes Kind.

Bedenke, nach der morgendlichen Pracht,
Folgt wieder eine finst're Nacht.

*Mutter*

*Im linden Frühlingsmonat März,*

*versagte Mutters gutes Herz.*

*Viel zu früh bist du von uns gegangen,*
*spüre zu dir ein großes Verlangen.*
*Immer wieder muss an dich denken,*
*du könntest noch die Geschicke lenken.*

*Der Schmerz sitzt immer noch ganz tief,*
*so oft ich deinen Namen rief.*
*Liebe Mutter du fehlst mit sehr,*
*und machst mein Herz noch immer schwer.*

*Es gäbe noch sehr viel zu sagen,*
*von vergangenen Kindertagen.*
*Doch bleibt mir nur noch das Gebet,*
*dass zu dir in den Himmel geht.*

*Zu früh gerissen aus unserer Mitte,*
*gewähre mir noch eine letzte Bitte:*
*Dass ich werde, so ein guter Mensch wie Du,*
*finde ich in Gott meine seelische ruh.*

*Nachgedacht*

*Hast du schon mal nachgedacht,*
*Wer die grünen Blätter macht,*
*Dich beschützt in dunkler Nacht?*

*Wer dir die schönen Blumen schenkt,*
*alle deine Geschicke lenkt,*
*Und immer wieder an dich denkt?*

*Hast du darüber mal nachgedacht,*
*Wer erschuf die wunderschöne Pracht,*
*Wer scheinen lässt die warme Sonne,*
*Die uns erquickt, und spendet Wonne?*

*Wer spendet dir die gute Luft,*
*Und wer den zarten Blütenduft,*
*Wer dich schütztet den ganzen Tag,*
*Verschonet dich vor schlimmer Plag?*

*Immer ist er für dich da,*
*Jeden Tag, das ganze Jahr,*
*Ich frage nun „wer ist es"? ,wer*
*Fällt dir die Antwort wirklich schwer?*

*„Den Schimmel an der Wand kannst du nicht reiten."*

*Nachruf*

*Liebe, Glück, Geborgenheit,*

*Lebenssonne alle Zeit.*

*Mutterwärme, stiller Trost,*

*Stete Heilung, sicherer Schoß.*

*Mutter hieß es immer fort,*

*Mutter hier und Mutter dort.*

*Sicherheit und Harmonie,*

*Einen Streit den gab es nie.*

*Immer fröhlich gutes Wort,*

*Waren wir am sichren Ort.*

*Unermüdlich und ohne Rast,*

*Trug sie geduldig alle Last.*


*Ständig war Sie für uns da,*

*Jeden Tag das ganze Jahr,*

*Gewelkt darüber war ihr Haar.*

*Möchte dir danken immer dar.*


*Niemals gönnte sie sich ruh,*

*Schloss viel zu früh die Augen zu.*

*Zurück bleibt stille Dankbarkeit,*

*Die spendet Kraft in schlimmer Zeit.*

*Naturgaben*

*Honighafte süße Düfte- unbestimmbar -wunderschön.*
*Streichelt meine Nase lind.*
*Flügel flattern aus dem Horst,*
*Falke souverän erwachet.*

*Regen, ohne Regen träge.*
*Flieder blüht, die Bienen emsig,*
*Dann sehr still und erhaben*
*Sind die Naturgaben.*

*Neujahrsgruß*

*Ich wünsche Euch ein schönes Jahr,*
*Und alle Wünsche werden wahr.*
*Und allen auch ein wenig Glück,*
*Und das die Liebe kehrt zurück.*

*Ich wünsche Euch im nächsten Jahr,*
*Viel Freunde und kein graues Haar,*
*Harmonische Liebe, wenig Schmerz,*
*Sollte stets erfreuen Euer Herz.*

*Und bleibt verschont von schlimmem Leid,*
*Dass wünsche ich Euch alle Zeit.*

## Öffnung

*Du musst die Schachtel öffnen, wenn Du den Inhalt erkennen willst.*

*Du musst die Tür öffnen, wenn Du ins Innere gelangen willst.*

*Du musst das Kuvert öffnen, wenn Du den Brief lesen willst.*

*Du musst die Truhe öffnen, wenn Du darin einen Schatz vermutest.*

*Du musst die Muschel öffnen, wenn Du eine Perle finden willst.*

*Du musst die Nuss öffnen, wenn Du den Kern finden willst.*

*Du musst das Buch öffnen, wenn du Schrift verstehen willst.*

*Nur durch aktives Tun kannst du die Wahrheit erkennen.*

*Öffne Deine Seele, wenn du erfahren willst, wer du bist.*

*Ohne Titel*

*Männer in weißen Overalls,*
*Mundschutz und Gummihandschuhe tragend,*
*Gebeugten Blickes, vorsichtig suchend,*
*Mit kleinen, langsamen Schritten behutsam gehend.*

*In den Händen, Pinsel, Kamera, Pinzette, mit bleichem Gesicht*
*und blutleeren Lippen, jetzt kniend, Laub und Reisig beseitigend,*
*vor Schrecken starr, blutverklebtes Haar.*

*Zum Zopf geflochten,*

*Augen gebrochen,*
*Nichts mehr sehend,*
*Nichts mehr spürend,*
*Nichts mehr regend,*

**-Tot-**

*Tatort gefunden Kind hier geschunden,*
*schreckliche Wunden.*

*Orientierung.*

*Ich bin immer noch auf der Suche nach dem rechten Weg.*

*Wohin führt mich die Magnetnadel des Lebens?*

*Welche Orientierungspunkte weisen den sicheren Pfad?*

*An welchen Eckpunkten soll ich mich orientieren?*

*Das Wanderbuch des Lebens hat viele Seiten.*

*Doch welche muss ich lesen, um ans Ziel zu gelangen?*

*Das Lebensmosaik hat viele bunte Facetten.*

*Der Tunnel der Erkenntnis ist dunkel.*

*Welche Laternen der Zuversicht muss ich entzünden?*

*Und welche leuchten mir den Weg?*

*Wo ist der Leuchtturm, der mich nicht stranden lässt?*

*Frage*

*Wo der Stern der Zuversicht. Wo das Glück der Sonnenstrahlen?*

*Wo der Himmel der sich öffnet? Wo die Hand, die meine Schritte lenkt?*

*Fragen über Fragen, die man nachdenkt.*

*Pessimismus.*

*Die Liebe durchbohrt, vom Schwert des Hasses.*

*Gefühle, geknebelt mit dem Band der Ignoranz.*

*Worte zerschmetternd an Herzen aus Stein.*

*Frohsinn, erstickend beim Antlitz der Gewalt.*

*Toleranz vernichtet durch Eigensinn des Handelns.*

*Zuneigung verkümmert,*

*Durch die Wüste des Egoismus.*

*Solidarität, ertrunken im Neid.*

*Freude erblasst, durch die Farbe der Eintönigkeit,*

*Zukunft verschleiert, durch den Nebel der Hoffnungslosigkeit.*

*Friede gefährdet, durch die Waffen der Macht.*

*Hoffnungen begraben, durch die Totengräber der Politik.*

*Glück verspielt, am Roulettetisch des Lebens.*

*Zuversicht, nicht in Sicht.*

*Gott abgeschafft, wie ein Zweitwagen ohne Wert.*

*Positiv denken.*

*Schmerzen machen stumm.*
*Kein Lied wird fröhlich gesungen.*
*Keine Musik mehr erklungen.*
*Werde langsam krumm.*

*Es schmerzen, die Beine und alle Gelenke.*
*Die Augen werden langsam trüb.*
*Und meine Schritte ungeübt.*
*Gedanken ich nur in eine Richtung lenke.*

*Das Alter, was mir Gott beschert.*
*Hat meinen Alltag nun beschwert.*
*Hab ich doch lange so begehrt.*

*Trotz aller Schmerzen der Gelenke.*
*Ich weiter positiv nur denke.*
*Denn Gott mir einst das Leben schenkte.*


*Hafen.*

*Ein Schiff verdrängt Wasser, um ans Ziel, den Hafen zu gelangen. Auch wir müssen verdrängen, zur Seite schieben nach vorne streben, um den sicheren Hafen zu finden.*

*Schlaft nicht!*

*Schlaft nicht, wenn die Erde untergeht.*
*Schlaft nicht, bevor es, ist dann zu spät.*
*Wachtet auf und sprechet ein Gebet.*
*Wenn irdische Zeit zu Ende geht.*

*Seid lieber wach.*
*Habt immer acht.*
*Bald kommt die Nacht.*

*Schlaft bitte nicht.*
*Wenn Welt zerbricht.*
*Bald naht Gericht.*

*Pflanzt am Morgen einen Baum.*
*Zartes Grün fein anzuschaun.*
*Dann kannst du auch schnell vertraun.*

*Während der Baum wächst und gedeiht.*
*Bedenke deiner Erdenzeit.*
*Und gehe in dich- sei bereit.*

*Und denke stets an die Frist.*
*Die dir noch gegeben ist.*
*Der Baum wird dich überleben.*
*Und soll Zeugnis von dir geben.*

Wir dürfen keine Zeit versäumen.
Und von der heilen Zukunft träumen.
Schlaft nicht mehr bis zum Morgenrot.
Wir sitzen doch im gleichen Boot.

Wir müssen unsere Welt erhalten.
Haben wir sie doch nur zu verwalten.
Für die nächsten Generationen.
Die menschliche Absicht soll sich lohnen.

Verantwortung für diese Welt ist uns übertragen.
Wir müssen sie übernehmen und ja zu ihr sagen.
Nur so ist unsere Welt noch zu retten.
Ihr dürft nicht länger bleiben in den Betten.

Schlaft nicht, wenn die Natur euch ruft.
Und denkt daran, wer sie einst schuf.
Und schaut mit Ehrfurcht, auf die Natur.
Und sehet seine Wunder nur.

Schmerzen

Schmerzen machen stumm,
Sie isolieren,
Der Körper ist kaum noch zu spüren,
Die Freude scheint man zu verlieren.

Ein Zäpfchen, Tropfen, eine Pille oder Spritze?
Damit ich ohne Schmerzen, im Bett besser sitze,
Die Medizin würde mich ablenken,
Um an schmerzfreie Dinge denken.

Urlaub mit Palmenstrand und Meer,
Doch leider schmerzt es weiter sehr.
Vielleicht kommt bald ein weißer Kittel,
Mit einem schmerzstillenden Mittel.

Doch die Ärzte sind noch im OP,
Ich sitze hier und es tut weh,
Die Zeit will anscheinend, kriechend nur verrinnen,
Wäre ich doch im Behandlungszimmer drinnen.

Dann käme bald der Schmerzen Wandlung,
Beginnen würd nun die Behandlung.
Und könnt danach, entspannt verschnaufen,
Und ein paar Schritte wieder laufen.

*Schneemann*

Weil ich dich Weihnachten nicht seh,
Komm ich zu dir als Winterschnee.
Falle leise in deinen Garten,
Möchte als Schneemann auf dich warten.

*Solange bis ich dich erspäh,*
*Und oben dich am Fenster seh.*
*Doch oh Schrecken, oh je,*
*Bin leider nur aus Schnee.*

*Mein Ende ich nun schon bald seh.*
*Denn bald geschmolzen ist der Schnee.*
*Denn jeder warme Sonnenstrahl,*
*Ist für mich eine schlimme Qual.*

*So schmelze ich dahin.*
*Und habe nur im Sinn,*
*Dass du musst, nur ein paar Monate warten,*
*Bis ich wieder komme in deinen Garten.*

*Seelenbrennen.*

*Ich spüre es, etwas brennt in meiner Seele.*
*Irgendetwas Entscheidendes muss ich noch*
*tun.*
*Aber was?*

*Es ist etwas zu erledigen.*
*Komme aber nicht darauf, sosehr ich*
*mich auch bemühe.*
*Eine Botschaft wartet auf mich, doch wo?*
*Noch erreichte mich die Stimme, die mir der*
*Auftrag gibt.*
*Die Zeichen, die das „Etwas" bestimmen,*
*sind noch verschwommen und nicht real.*
*Und dennoch spüre ich deutlich das etwas ge-*
*schehen wird.*
*Irgendetwas bahnt sich an.*
*Nichts Bedrohliches, nichts Zerstörendes,*
*diese Zeichen empfinde ich klar.*
*Es scheint in der Ferne, als brenne ein Licht.*
*Nicht Dunkelheit und Trauer scheinen Ursa-*
*che für mein „Seelenbrennen" zu sein, son-*
*dern Hoffnung, Freude, Glück und Zuver-*
*sicht.*
*Brenne weiter meine Seele!*
*Denn der Herr ist nahe!*


*Sehnsucht*


*Die Sehnsucht brennt ihr Monogramm,*
*Ganz tief in meine Seele,*
*Gemeißelt wie in Stele,*
*Und schnürt an meiner Kehle.*

*Oh, süße Sehnsucht,*
*Holder Schmerz,*
*Ich trage dich in meinem Herz,*
*Und will es auch nicht wenden,*
*Und du sollst niemals enden.*

*Stadt im Schnee.*

*Die Stadt im Schnee.*
*Soweit ich seh.*
*Alles friedlich und ohne Hast.*
*Ein Vogel setzt sich auf dem Ast.*

*Im Frühling liegt die Stadt in der Sonne.*
*Freundlich, strahlend hell und voller Wonne.*
*Im Frühjahr, die junge Sonne genießen.*
*Hört man förmlich, das Grüne überall sprießen.*

*Im Sommer dann, wenn alles Grün.*
*Die Wolken still vorüberziehn.*
*Und wenn die Blätter werden wieder bunt.*
*Der Herbst sich macht mit Stürmen wieder kund.*

*Und dann, wenn es wieder ist, kalt.*
*Die Kälte sichtbar widerhallt.*
*Kehrt dann Ruhe und Stille wieder ein.*
*Und draußen alles scheint erstarrt zu sein.*

*Doch wenn der Sonne warmer Strahl, dann die Bäume wieder zärtlich*
*küsst.*
*Und eine flinke, kleine Meise, mit einem Frühlingslied dich grüßt.*
*Dann denke an des Menschen Wandel.*
*Und mach mit Gott den guten Handel.*

*Stimme*

*Ein Wunder ist geschehen, am helllichten Tag,*
*Ich kann sie endlich sehen, die ich so gerne mag,*
*Ich mag sie sprechen hören,*
*Will sie dabei nicht stören.*

*Ich lausche jedem Wort, ich höre sie noch sprechen,*
*Wenn sie schon wieder fort.*

*Die Stimme hat vertrautest, was lange ich vermisst,*
*Ich freue mich schon wieder, wenn sie mich zärtlich küsst,*
*Und mich mit süßen Worten, am Morgen dann begrüßt.*

*Suche*

*Wo ist der Ausweg?*
*Wo ist das Tor?*
*Wo ist der Weg?*
*Wo ist die Zuversicht?*
*Vier Fragen, eine Antwort*
*Und die heißt - Gott*

*Terror*

*Nebelreiter unsichtbar grau ohne Gestalt,*
*Wollen die Menschen bringen in ihre Gewalt.*
*Heimtückisch mit perfider Hinterlist,*
*Betreiben sie Terror gegen den Christ.*
*Blind besessen, voller Wahn,*
*Bomben sie die Todesbahn.*
*Grausam ohne jegliches Gefühl,*
*Verfolgen sie ihr wirres Ziel.*
*Verbreiten Lügen säen Spott,*
*Über unseren Herrn und Gott.*
*Voller Hass, in ihrem Eifer blind,*
*Töten sie das unschuldige Kind.*
*Unsagbarer großer Schmerz,*
*Verursacht Trauer im Herz.*

Die tiefe Trauer uns auch unsichtbar verbindet,
Von großer Solidarität, sie uns verkündet.
Schweißt alle zusammen, macht uns stark,
Niemand uns etwas anhaben mag.
Gestärkt sind wir trotz allem leid,
Zur Gegenwehr in schwerer Zeit.
Hoffnung keimt auf und macht uns frei,
Deshalb sei auch du stets dabei.
Vor Terror und Bomben beuge ich mich nicht,
Zeige den Feinden mein furchtloses Gesicht.

Trauer

Tiefe Trauer, tiefe Schmerzen,

Lähmen die Seele und Herzen.

Möchte gerne spenden Trost,

Doch der Schock ist zu groß.

*Erschüttert ist die Nation,*

*Nun ist es Zeit für Dankeslohn.*

*An unseren vielen Freunden, die für uns in schlimmer Zeit,*

*Zu schneller und humanitärer Hilfe waren stets bereit.*

*Darum seid gewiss: dass trotz aller Lügen in dieser Welt und allem Spott,*

*Der gute Weg nur hinführt zu unserem Herrn und Gott.*

*Totbringer*


*Wer hat schon mal den Baum gefragt, in dessen Schatten wir gern sitzen.*

*Was er empfindet, wenn die Motorsäge an den Stamm gesetzt wird?*

*Wer an den Strohhalm, an den wir uns klammern, wenn der Mähdrescher naht?*

*Wer das Gänseblümchen, das im Verborgenen blüht, wenn der Rasenmäher läuft?*

*Wer an den Hirsch, der ahnungslos durch den Wald streift, wenn ihn die Kugel trifft?*

*Wer an den Fuchs, wenn er Futter sucht und die Falle zuschnappt?*

*Wer an den Hasen, wenn ihn das Schrot zersiebt?*

*Alles dies vollzieht sich schweigend ohne Resonanz.*

*Nur die Totbringer sprechen eine tödlich lärmende Sprache.*

Totenmasken

Totenmasken weiß- gekleidet,
Mundlos sprechend,
Unheilvoll,
Durchdringend mit des Wortes Klinge,
Der Wolken fernes Firmament,
Auf das die Ohnmacht sich verbreitet
Und spendet ruhig -
Seligkeit.




Tränenschiff

Es kam ein Schiff gefahren in meinem Tränenmeer.
Das Schiff, es ist beladen, mit meinen Sorgen schwer.
Oh, Schifflein schwimme weiter, du bist mein ganzes Glück.
Und kehre trotz aller Stürme, wieder bald zurück.

Du bringst mir Glück und Hoffnung und ferner Sicherheit.
Und ständig mich begleitest, dazu bin ich bereit.
Oh unsichtbares kleines Schiff
Fahr niemals auf ein steiles Riff.

*Tränen*

*Meine Tränen sind gefroren,*
*Und meine Hoffnung auch.*
*Als wäre ich nie geboren,*
*Im düsteren Verlauf.*

*Und keine Hoffnungsschimmer,*
*Durchdringen meine Welt.*
*Und in des Lebenszimmer,*
*Kein Strahl er sich erhellt.*

*Doch möchte ich nicht verzagen,*
*In dieser doch schönen Welt.*
*Von Hoffnung bin ich getragen,*
*Auf Gott nun eingestellt.*


*Uhr der Natur.*


*Das Taubenschwänzchen saugt den Nektar aus der Blume.*

*Kreisende Krähen picken in die Ackerkrume.*

*Die emsige, kleine Braunelle.*

*Ist in der Hecke schon zur Stelle.*

Der kleine Fuchs, in graziler Pose.

Nascht begehrlich an der Bauernrose.

Der Junikäfer melkt die Läuse.

Die Wespe baut sich ein Gehäuse.


Der Dompfaff baut an seinem Nest.

Demnächst gib es ein Hochzeitfest.

Aus der Erde krabbelt nun die Kröte.

Die Amsel probiert schon mal die Flöte.


Der Igel unter dem Reisighaufen.

Beendet den Schlaf, beginnt zu laufen.

Und die gemeine Gartengrille.

Zirpst in der linden Abendstille.

Der Kuckuck sucht sich ein fremdes Gelege.

Damit die anderen den Nachwuchs pflege.

Und die emsigen Gartenschwänzen.,

Beginnen mit den Hochzeittänzen.


Die Schwalben mischen schon den Speis.

Tauben turteln mit großem Fleiß,

Und auch die goldene Ammer.

Ist nun fertig mit der Kinderkammer.


So vollziehen sich jedes Jahr.

Die Wunder der Natur.

Selbstregulierend ohne Uhr.

Deshalb warte nur.

*Umkehr*

*Ich weiß nicht recht, wie es geschah,*
*Denn immer grauer wird das Haar.*
*Und grauer werden die Gedanken,*
*Die schlapp sich um die Zukunft ranken.*

*Was soll denn nur mit uns geschehen,*
*Wenn Augen wollen nicht mehr sehen.*
*Benötigt wird für die Erde Pflege,*
*So wie beim Baum- besondere Hege.*

*Die Zukunft düster liegt im Keller,*
*Nichts wandelt sich, wird wieder heller.*
*Die Umwelt weiterhin zerstören,*
*Und auf die Mahnungen nicht hören.*

*So wird sich später bitter rächen,*
*Bezahlen werden wir die „Zechen".*
*Unsere Kinder werden büßen,*
*Weil wir das Leben uns versüßen.*

*Die Umkehr muss uns sehr schnell gelingen,*
*Bevor uns töten eigene Schlingen.*
*Die Erde ist bald ausgeraubt,*
*Es geschieht schneller als man glaubt.*

*Den Kollaps gilt es abwenden,*
*Und Ausbeutung schnell zu beenden.*
*Umwelt und die Ressourcen schonen,*
*Ist dauerhaft und wird sich lohnen.*

*Schaffen wir vielleicht doch noch die rettende Wende,*
*Bevor die Lebensgrundlagen gehen zu Ende?*
*Hinterlassen müssen wir eine intakte Umwelt,*
*Nachhaltig, das ist vielmehr, als alles Geld der Welt.*


*Vielleicht*


*Vielleicht besteht noch Hoffnung,*
*Vielleicht ein wenig Glück.*
*Vielleicht kommt auch die Liebe,*
*Als heller Stern zurück.*

*Vielleicht hat sich das Warten,*
*Am Ende doch gelohnt.*
*Und bald die tiefe Liebe,*
*In meinen Herzen wohnt.*

*Vielleicht von Neuem schmieden,*
*Einen Lebensplan.*
*Vielleicht sich orientieren,*
*An einer neuen Bahn.*
*Vielleicht?*

*Herz*

*Und sorge dich, mein liebes Herz,*
*Vertreibe meines schmerzend Schmerz,*
*und habe mich beständig lieb,*
*und immer Freude mir nur gibt.*

*Vogelkonzert*

*Vögel zwitschern in den Bäumen.*

*Menschen von der Zukunft träumen.*

*Vögel zwitschern in den Zweigen.*

*Der Tag will sich zu Ende neigen.*

*Vögel zwitschern in der Luft.*

*Blumen spenden Honigduft.*

*Vögel zwitschern oben im Laub,*

*Höre es, stelle dich nicht taub!*

*Wandel*

*Bären ohne Eis,*
*Den Greisen wird es heiß,*
*Wie Weisen einst verheißt,*
*Mit innerem Verschleiß.*

*Klimarelevante Gase,*
*Reizen unsere Wohlstandsnasen.*
*Schlecht steht es auch um den Hasen,*
*Denn verseucht ist auch das Grase.*

*Auch die Bienen leiden Not,*
*Plötzlich sind die Völker tot,*
*Nichts mehr im Lot,*
*Kein Aufstrich mehr fürs Frühstücksbrot.*

*Und die Hühner in den Ställen,*
*Würden gern wie Hunde bellen,*
*Und die Nachricht erstellen:*
*„Keiner soll ein Ei mehr pellen!"*

*Warum?*

*Herr warum hast du dich nicht gezeigt?*
*Herr, warum ließest du es geschehen?*
*Alle Häupter hätten sich verneigt.*
*Grausame Dinge kann man nun sehen. Warum das Elend und*
*die Not? Warum der Hass und der Größenwahn? Warum mil-*
*lionfacher Tod? Warum taten Menschen sich das an? Herr las-*
*se nun deinen Frieden walten. Die Hände zu einem Gebet*
*nun falten. Still ein paar Minuten andächtig innehalten,*
*um zu gedenken den Schwachen sowie den Alten.*


*Was ich dazu zu sagen habe.*

*Ein Gedicht von hohem Gewicht*
*Gut zu schreiben das kann ich nicht.*
*Wenn es stimmt, dass wir lange schweigen,*
*Dann möchte ich jetzt Flagge zeigen.*

*Und meine einfachen Gedanken,*
*Die sich hier um das Schweigen ranken,*
*Und neben vielen anderen Dingen*
*Hier heute zu Papiere zu bringen.*

*Doch meine naive Absicht nützt mir wenig,*
*Bin ich doch kein berühmter Poetenkönig,*
*Und muss erst eine Zeitung finden,*
*der ich könnte dann begründen.*

*Was man bedenkt alles beim Schweigen,*
*Und könnte meine Ansicht zeigen.*
*Wenn Weltfrieden in Gefahr,*
*Keine Schweiger um dich schar.*

*Schnell werden sich bei unserem Schweigen,*
*Moralische Defizite zeigen.*
*Dann wird es Zeit für die Politik,*
*Dass man die Dinge gerade rückt.*

*Muss beharrlich an beide Seiten appellieren,*
*Den Weltfrieden nicht aus den Augen zu verlieren.*
*Wenn verantwortliche Literaten,*
*Politikern ernsthaft dazu raten,*

*Dann sollte man den Ernst erkennen,*
*Und Sie nicht einfach „Feinde" nennen.*
*Man darf auch Freunde kritisieren,*
*Und ihre Haltung streng studieren.*

*Nach friedensstiftenden Aspekten fragen,*
*In unseren „friedensbrüchigen" Tagen.*
*Die Friedenstaube ist erschreckt,*
*Den Kopf sie hoch zum Himmel reckt.*

*Sie wartet auf den Dialog,*
*Zu dem sie allzu gerne flog.*
*Doch wartet sie noch unverdrossen,*
*Man hat dazu noch nichts beschlossen. (Anmerkungen zum Gedicht von*
*Günter Grass: "Was gesagt werden muss.")*

*Weihnachtsbotschaft*

*Zur Weihnachtszeit im schönen Advent,*
*Wenn es überall erstrahlend brennt.*
*Und wenn die Menschen ob groß ob klein,*
*Dann stellen ihre Feindschaften ein.*

*Wenn wieder gilt ein gutes Wort,*
*Bei der Arbeit an jedem Ort.*
*Und wenn Sie versuchen sich zu verstehn,*
*Und auf den anderen wieder zugehn.*

*Begegnen sich mit Toleranz,*
*Von innen her voll und ganz.*
*Wenn aller Streit, Ärger und Zwist,*
*Dann wirklich auch zu Ende ist.*

*Wenn man sich wieder reicht, die Hand,*
*Gestaltet so ein Freundschaftsband.*
*Wenn Vorurteile werden abgebaut,*
*Und man sich wieder in die Augen schaut.*

*Und empfindet keinen Hass,*
*Macht das Leben wieder Spaß.*
*Wenn man spürt, das innere Glück,*
*Kommt auch die Zuversicht zurück.*

*Wäre die Zuversicht dahin,*
*Machte alles mehr keinen Sinn.*
*Schließe die Botschaft in dein Herz.*
*Verschwinden wird bald aller Schmerz.*

*Wiesenblumen*

*Mutter, heute ist Muttertag,*
*Du weißt, wie gerne ich dich mag.*
*Ich werde mich nun schnell bücken,*
*Auf der Wiese Blumen pflücken.*

*Schenke dir den bunten Strauß,*
*Den ich bringe mit ins Haus.*
*Primel, Veilchen und Hyazinth,*
*Bringe ich dir als braves Kind.*

*Möchte dir sagen vielen Dank,*
*Als ich im Bett lag, und war krank.*
*Und danken auch für all die Sorgen,*
*Die du dir machst heute und morgen.*


*Wohlstandsnase*

*Einst war die Liebe hoch versprochen,*
*Dann ist sie doch sehr schnell zerbrochen.*
*Und durch der Brille rosa Schein,*
*Wurden auch die Probleme klein.*

*Und wie beim Häuten der scharfen Zwiebeln,*
*Sind die Augen nicht trocken geblieben.*
*Tief in des Zentrums scharfer Hülle,*
*Vollzieht sich Wandelung- in Stille.*

*Und hinter dieser flachen Phrase,*
*Kribbelt mir meine Wohlstandsnase.*

## Zartes Grün

*Gänseblümchen, Buschwindröschen und die Sumpfdotterblume,*
*Stecken schüchtern ihre bunten Köpfe aus warmer Erdkrume.*
*Frühling ist es nun,*
*Viel ist zu tun.*

*Auch schon Veilchen kann man sehen,*
*Bläulich sie am Wegrand stehen.*
*Zartes Grün in Wald und Wiesen.*
*Hoch sei unser Gott gepriesen.*

## Zeit

*Zeit zischt vorbei/.*
*Unaufhaltsam tosend/*
*Nicht verweilend im Steten fort/*
*Ziele verwischen, Augenblicke haschend/*
*Dem Endziel nähern sich meine Gedanken.*

*Ziellos*

*Schmerzende Töne im Amplitudenlabyrinth,*
*Lähmend und ungewiss,*
*Träume begleitend, pulsiert die Gewissheit.*
*Schranken durchbrechend mit splitternden Nägel,*
*Taumelnd der Fremde entgegen, schauernd erstarren,*
*Ohne Ziel.*


*Spende*

*Ich brauche eine Organspende,*
*Damit es sich zum Guten wende.*
*Brauche keinen Reichtum - kein Geld,*
*Um zu verweilen auf der Welt.*

*Ich brauche eine Spende – ein Herz,*
*Sonst geht es für mich bald himmelwärts.*
*Doch die Organe sind sehr rar,*
*Jeden Tag ich es erfahr.*

*Die Menschen müssten viel mehr spenden,*
*Dann würde die Traurigkeit sich wenden,*
*Das eigene Leben müsste noch nicht enden,*
*Würde mir jemand nur eine Botschaft senden.*

## Zipperlein

Die Kniee schmerzen von Arthrose.
Und immer enger wird die Hose.
Die Haare werden brüchig und grau.
Und durch eine Brille ich nun schau.

Die Glieder machen nicht mehr mit,
Man fühlt sich einfach nicht mehr fit.
Überall ein Zipperlein,
Stellt sich nun im Alter ein.

Zenit ist lange überschritten,
Und banger werden deine Bitten.
Du denkst nun an die Alterspflege,
Und wie man dich wohl einmal hege.

Das Herz ist leider auch verengt.
Wenn Blut sich durch die Venen zwängt.
Wenn du erfährst, solche Dinge.
Zur Gelassenheit dich zwinge.

Und freu dich an den schönen Dingen.
Dann wird dir noch sehr viel gelingen.
Danke Gott für jeden Tag.
Den er dir noch schenken mag.

*Herbst*

*Herbst lässt sein buntes Kleid wehen.*
*Und bewegt es durch die Lüfte.*
*Kahle Bäume einsam stehen.*
*Vorbei sind die Sommerdüfte.*
*Blätter, wunderschön sich färben.*

*Lebensraum zieht sich zurück.*
*Ruhestand ist - und nicht sterben.*
*Ganz behutsam Stück für Stück.*

*Nun ist wieder Erntezeit.*
*Um die Früchte einzubringen.*
*Scheunen stehen schon bereit.*
*Erntelieder froh erklingen.*

*Die Früchte sind jetzt gepflückt.*
*Und alle hoffen, es werde wahr.*
*Das wiederhole sich das Glück.*
*Und Ernte wird gut im nächsten Jahr.*

*Herzkammer*

*Ich sitze an deinem Bett mein lieber Freund und halte deine Hand.*
*Ich höre dich langsam atmen, doch du hörst mich nicht.*
*Du hörst nicht, was ich sage.*
*In dieser ohnmächtigen, stillen Not.*
*Du verstehst nicht meine Worte, die ich dir darbot.*
*Hätt vieles noch zu sagen, das freudig mich erregt.*
*Und das schon lange in meiner Brust sich hegt.*
*Doch, ich nun auch verstumme, in meinem großen Schmerz.*
*Ich wollt du könntest fühlen, was nun bewegt mein Herz.*
*Das Herz hat viele Kammern.*
*Dort stelle ich dich hinein.*
*Da mögest du für immer, von Herzen bei mir sein.*
*Und wenn mein Herz hört, auf zu schlagen,*
*wirst du mit mir begraben.*
*So sind wir auch im Tod vereint.*

*Zum Schluss*

*Wenn sich Natur, Mensch und Geist.*
*Hier im Text zusammenschweißt.*
*Wenn die symbolische Kraft.*
*Neue Denkanstöße schafft.*

*Und meine einfachen Gedanken.*
*Sich zärtlich um die Liebe ranken.*
*Mit einer Botschaft sind verknüpft.*
*Der Leser in die Texte schlüpft.*

*Man kann die Worttexte dann fein genießen.*
*Sich freuen, als würden Blumen sprießen.*
*Die Worte zum Gedicht verbunden.*
*Bereiten euch dann schöne Stunden.*

*Wenn das so wird, erreicht.*
*Und Freude dich beschleicht.*
*Und Worte dann, wie Musik klingen.*
*Sei fröhlich und beginn zu singen.*

*Die Friedenstaube streckt den Kopf hoch zum Himmel.*
*Sie wartet immer noch.*